NOTICE

SUR LA VIE ET LES OUVRAGES

DE

M. FRANÇOIS THUROT,

MEMBRE DE L'INSTITUT.

IMPRIMERIE DE H. FOURNIER,

RUE DE SEINE, N. 14.

NOTICE

SUR

LA VIE ET LES OUVRAGES

DE M. FRANÇOIS THUROT.

Au milieu des rapides ravages du fléau qui, l'an dernier, dévastait la France, et particulièrement la ville de Paris, les sciences et les lettres avaient à peine le temps de compter leurs pertes et d'en mesurer l'étendue. Il est vrai que le nom de M. Thurot a été distingué dans ces listes funèbres et n'a point manqué d'hommages; mais il fallait des momens plus calmes pour apprécier pleinement le mérite d'un philosophe qui avait beaucoup plus aimé l'étude que la célébrité, qui rendait modestement d'éminents services, et les croyait assez récompensés quand ses concitoyens en profitaient. Malgré son dévouement inaltérable à tous les grands intérêts de sa patrie, jamais il n'a recherché l'éclat des fonctions politiques : une carrière littéraire, honorable plutôt que brillante, a suffi à son ambition; et, quoiqu'il eût, en divers genres, acquis une très-vaste science, il s'est tellement abstenu d'en étaler les richesses, qu'on ne les a pu connaître qu'à mesure qu'il a eu besoin de les employer.

Nul n'a songé moins que lui à préparer les matériaux
de son propre éloge ; il en a laissé tout le soin à ceux
qui voudraient étudier ses ouvrages , et recueillir les
souvenirs de sa vie privée.

Jean-François Thurot naquit le 24 mars 1768 à
Issoudun , où son père , homme d'un esprit cultivé ,
consacrait aux lettres et même à la philosophie les
loisirs que sa fonction de notaire pouvait lui laisser.
M. Thurot père avait fait pour son propre usage une
analyse de l'Essai de Locke sur l'entendement humain,
et il est fort permis de croire que ce travail n'a pas
été sans influence sur la direction des études de son
fils , qui en a toujours conservé précieusement le ma-
nuscrit. Cependant la ville d'Issoudun possédait un
collège , dont le principal , nommé Duplessis , exercé
par une longue expérience à discerner les talents des
élèves , ne tarda pas à remarquer ceux du jeune Thurot , et prit un soin particulier de les cultiver. Cette
bienveillance inspirait au disciple une vive reconnais-
sance , qui aurait été un assez sûr gage de ses progrès,
s'ils n'étaient devenus de jour en jour plus sensibles.
Jusqu'à l'âge de quatorze ans , François Thurot eut le
bonheur de fréquenter une école publique sagement
gouvernée , sans cesser d'habiter la maison pater-
nelle : c'est de toutes les chances d'éducation la plus
favorable et la moins périlleuse en de telles années ;
elle avait pour lui d'autant plus d'avantages que son
père et un ami de son père lui servaient de répéti-
teurs , l'aidaient de leurs conseils et dirigeaient immédiatement le cours de ses premières études. Il était

l'aîné de cinq enfants : une sœur, veuve du receveur de l'arrondissement d'Issoudun, et un frère, auquel un de ses ouvrages est dédié, lui survivent.

Au mois de septembre 1782, lorsqu'il venait d'achever la partie d'études classiques qui portait alors et qui a repris le nom de *troisième*, son père le conduisit à Paris, et le fit entrer comme pensionnaire au collège de Navarre, où il recommença de suivre, au milieu d'un bien plus grand nombre d'émules, les leçons que ce nom de troisième désignait. Un élève aussi studieux ne pouvait manquer de s'y distinguer : il obtint en seconde et en rhétorique plusieurs de ces récompenses solennelles qui sont les prospérités du jeune âge, quelquefois les plus doux souvenirs que les âges suivans conservent, et qui demeurent en effet mémorables, quand elles préludent, comme il est arrivé pour M. Thurot, à d'honorables travaux littéraires.

Il a laissé une note manuscrite où il dit qu'en septembre 1785, après avoir fini sa rhétorique, il sortit du collège de Navarre pour entrer *immédiatement* à l'école des ponts-et-chaussées. On est donc fondé à croire qu'il a été assez heureux pour échapper aux leçons de philosophie scolastique qui succédaient à celles de littérature, et qui, le plus souvent, n'imprimaient aux jeunes esprits que de bien fausses directions. C'est un fait assez remarquable, dans la vie d'un des meilleurs philosophes de ces derniers temps, qu'il n'ait étudié la métaphysique des écoles qu'après s'être mis en état de l'apprécier et lorsqu'elle ne pouvait plus altérer la rectitude naturelle de ses pensées. Fils d'un disciple de Locke, il avait dû être entraîné de bonne heure dans les voies de l'observation et de l'analyse.

Attaché pendant quatre ans au corps des Ponts-et-Chaussées, il y prit, dans la société de M. Dupuy de Torcy, le goût des sciences exactes, l'habitude de ces méthodes rigoureuses qui sont la vraie philoso-phie, et qui depuis ont présidé à tous ses travaux. Toutefois il n'avait point interrompu le cours de ses exercices littéraires : en s'acquittant avec zèle de ses devoirs d'élève ingénieur, il trouvait le temps de se livrer à bien d'autres études; car les écrits qu'il a pu-bliés peu d'années après, annoncent un très-riche fonds de connaissances mûrement acquises.

Il n'avait que vingt-un ans quand la révolution de 1789 éclata : elle lui inspira l'espoir d'un régime social plus équitable et plus sage. Ce fut sans aucune vue d'intérêt personnel, et même sans enthousiasme, mais avec une conviction profonde, qu'il embrassa la cause nationale, à laquelle il est resté invariable-ment fidèle, s'associant à tous les efforts généreux tentés pour la défendre, ne participant à aucun des actes qui pouvaient la compromettre ou la flétrir.

Les événements de 1789 n'eurent aucune influence sur le changement qui, à cette époque, s'opéra dans sa position individuelle : il devint sous-lieutenant de la Compagnie des Pompiers de Paris, attiré dans ce corps par son compatriote et son parent, M. Morat, qui l'avait réorganisé et long-temps dirigé avec le plus heureux succès. Peu d'années après , tous les officiers de cette compagnie ayant été congédiés , M. Thurot se chargea de l'éducation des deux fils de M. Le Couteulx de Canteleu ; cette fonction convenait spéciale- ment à un observateur des développements de l'intel- ligence humaine. En instruisant de très-jeunes élèves, en s'efforçant d'accélérer et surtout d'assurer leurs progrès , un philosophe fait sur eux , pour son pro- pre compte , un cours d'idéologie expérimentale ; il est en présence de la plupart des faits qui peuvent éclairer la théorie de la pensée et du langage , servir à l'histoire de l'origine et de la communication des connaissances. C'était à Auteuil que M. Thurot diri- geait les études des jeunes Le Couteulx : il eut le bon- heur de s'y trouver en relation avec Cabanis et les autres sages qui composaient la société de madame Helvétius ; il s'éclaira de leurs lumières , se forma sur leurs exemples , et gagna pour toujours leur estime. Auteuil fut son premier asile en ce temps d'orages po- litiques ; mais il en alla bientôt chercher un plus sûr à Issoudun , au sein de sa famille , qui l'avait pressé de se réfugier auprès d'elle. Il y passa ces onze hor- ribles mois dont le souvenir est encore aujourd'hui une calamité , puisqu'il n'a pas cessé de servir de pré- texte aux calomnies et aux manœuvres des ennemis de la liberté publique.

Quand ces désastres eurent pris fin , on ouvrit , pour commencer à les réparer , une école normale , où des professeurs , presque tous d'un ordre éminent, comptaient parmi leurs nombreux auditeurs , choisis

dans la France entière , beaucoup d'hommes de lettres et de savans fort distingués. Plusieurs de ces *élèves* (car on leur donnait ce nom) avaient honorable-
ment cultivé , même étendu certaines sciences ; ils
étaient déjà ou pouvaient devenir de très-habiles
maîtres. M. Thurot, qui était revenu habiter à Paris
la maison de M. Le Couteulx , fut appelé à recevoir
de si hautes leçons. Destiné à en donner un jour de
pareilles, il suivit particulièrement celles de Sicard
sur la grammaire , avec plus d'attrait celles de M. Garat sur l'analyse de l'entendement , et se fit assez remarquer dans cette vaste et célèbre école pour que la
commission exécutive d'instruction publique le char-
geât de traduire l'Hermès de Jacques Harris. Ce travail exigeait une parfaite connaissance, non-seulement
de la langue anglaise , mais de bien d'autres langues
anciennes et modernes, et de leur système général.

Au moment où M. Thurot entreprenait cette traduction, il essuya la plus vive affliction qu'il eût encore ressentie. Il perdit son père , qui avait guidé ses
premiers pas dans la carrière des lettres , probable-
ment aussi dans celle des méditations philosophiques;
et il ne trouva de consolation à ce malheur que dans
ces études mêmes dont il avait dès l'enfance contracté
l'habitude et le besoin. Quoiqu'il eût fort étendu le
travail qu'on lui avait demandé , il l'acheva en moins
d'un an. Le volume ¹ parut au mois de messidor an IV

---

1. Hermès ou Recherches philosophiques sur la grammaire
universelle, ouvrage traduit de l'anglais de Jacq. Harris, avec

de la République (juin 1796) : il est dédié à M. Garat,
ou, pour transcrire exactement le titre de cette
dédicace, au citoyen Garat, qui, dans sa fonction de
commissaire de l'instruction publique, comme dans
celle de professeur à l'école normale, par ses propres
travaux comme par les encouragements donnés aux
travaux des autres, venait de contribuer efficacement
à la renaissance et au progrès de la véritable philosophie.

Le traducteur ajoutait à l'ouvrage de Jacques Harris
un discours préliminaire d'environ cent vingt pages,
et des observations diverses à peu près de la même
étendue [1]. Le discours surtout se recommande par
l'élégance et la pureté du style, comme par l'exactitude
et l'utilité de l'instruction qu'il renferme. Il offre une
histoire abrégée, mais savante et complète, jusqu'en
1796, des progrès de la science grammaticale, de cette
science austère et pourtant féconde, qui se place entre la philosophie et la littérature pour les rattacher
l'une à l'autre. La grammaire universelle est la partie
la plus importante, la plus positive et peut-être aussi
la plus vaste de la logique ou de l'art de penser : elle est
encore la plus solide base de l'étude des langues et de
l'art d'écrire. Telle en effet se présente la théorie du

des remarques et des additions par Fr. Thurot. Paris, imprimerie de la République, messidor an 4, in-8°; CXX et 415 pages.

1. L'auteur de la présente notice a rendu compte en 1797 de
l'Hermès traduit par M. Thurot. Voyez Journal des Savans.
Ventôse an v.

langage dans certains morceaux de Platon et d'Aristote, de Cicéron et de Quintilien, en d'estimables
livres de Sanctius et de Jean-Gérard Vossius, dans
quelques lignes de Bacon et de Descartes, dans la
Grammaire générale de Port-Royal et dans les ouvrages
des philosophes du dix-huitième siècle qui ont étendu
ou modifié la doctrine de Locke. Aux yeux du traducteur de Harris, les noms mêmes de Regnier-Desmarais,
de d'Olivet, de Girard, sont des époques dans l'histoire des études grammaticales; mais Dumarsais et
Duclos, mais Beauzée, Court de Gebelin et Condillac,
leur ont fait prendre un caractère de plus en plus philosophique. C'est peut-être, parmi les sciences qui
n'ont pas dû obtenir encore la qualification d'exactes,
celle qui a fait le plus d'efforts utiles pour la mériter.
Elle a été, depuis 1796, agrandie par d'autres écrivains, surtout par M. Destutt-Tracy; mais, au moment où l'envisageait M. Thurot, elle était déjà de-
venue le complément nécessaire de l'analyse des
facultés intellectuelles et de l'art de les diriger.

Le moindre mérite de la traduction de l'Hermès
est d'être d'une extrême fidélité : elle est parfaitement écrite, et d'ailleurs accompagnée d'excellentes
notes, qui se lisent avec autant d'intérêt que l'ouvrage même, quoiqu'elles ne puissent offrir, comme
le discours préliminaire, un tissu d'observations, historiques et philosophiques, étroitement enchaînées. Il
fallait y suivre le cours des idées du grammairien anglais, et s'engager après lui dans des routes qui n'étaient
pas toujours les plus directes ni le mieux éclairées.

Une grammaire universelle se divise naturellement en trois parties : la théorie des sons que la voix humaine profère, la théorie des mots considérés comme signes des idées et des sentimens, la théorie des rapports à établir entre les mots pour qu'ils représentent la liaison des pensées. De ces trois parties, Harris n'a guère traité que la seconde ; et l'on a besoin de savoir comment il l'a conçue, de prendre au moins une idée générale de sa doctrine, pour apprécier le travail qu'il imposait à son traducteur. Harris distingue deux sortes de mots, les uns principaux et significatifs par eux-mêmes, les autres accessoires, significatifs par relation seulement. Les premiers sont ou substantifs ou attributifs, selon qu'ils expriment des substances ou des modes, et les substantifs se sous-divisent en deux ordres: ils sont des noms quand il s'agit d'objets qui se présentent pour la première fois à nos sens ou à notre esprit ; ils sont des pronoms lorsqu'ils ne servent qu'à faire reconnaître des objets aperçus déjà une fois au moins. Quant aux mots très-nombreux et très-divers que Jacques Harris comprend sous la dénomination d'attributifs, ce sont tous ceux que les grammairiens appellent communément verbes, participes, adjectifs et adverbes.

L'un des plus remarquables chapitres de l'ouvrage est le septième du premier livre : l'auteur y expose une théorie ingénieuse des formes temporelles du verbe. La destination essentielle de ces formes est sans doute de marquer le présent, le passé, le futur; mais, selon le grammairien anglais, c'est tantôt d'une manière indéfinie, tantôt avec l'expression du rapport de ces temps au commencement, ou au milieu, ou à la fin de l'action dont on parle. Ainsi, outre les trois formes absolues, il y aura neuf formes relatives, savoir : l'inceptive, la moyenne et la complétive, pour chacun des trois temps naturels, présent, passé et futur [1]. Ce chapitre avait déjà été traduit presque en entier par Court de Gebelin; mais c'est à M. Thurot qu'on en doit une version exacte, complète et parfaitement claire.

Harris traite dans son deuxième livre des mots accessoires ou auxiliaires, et il les divise en deux classes, les définitifs et les connectifs. Il appelle définitifs ceux que les grammairiens ont coutume de nommer articles, et dont la fonction principale est de circonscrire la latitude des genres et des espèces, et d'individualiser des appellations communes à un grand nombre d'objets. Les connectifs sont les prépositions qui expriment les rapports que les mots ont entre eux et les conjonctions qui établissent l'enchaînement des jugements ou pensées que le discours énonce. L'interjection n'est qu'un hors-d'œuvre dans le langage, qu'un son adventice exprimant ou plutôt annonçant quel-

---

1. Exemple des douze formes : naturelles, *j'écris, j'écrivis, j'écrirai;* relatives, *je vais écrire, je suis à écrire, j'ai écrit; j'allais écrire, j'écrivais, j'avais écrit; j'aurai à écrire, je serai à écrire, j'aurai écrit.*

que passion soudaine, quelque mouvement qui s'élève spontanément dans notre ame.

Le troisième livre traite de la voix humaine, des idées universelles, des caractères propres à chaque idiome, de quelques autres sujets encore; et le traducteur remarque avec raison que ce dernier livre est la partie faible de l'ouvrage, qu'on n'y trouve le plus souvent qu'une philosophie surannée, qu'une fausse métaphysique. Un reproche, non moins grave, qu'on pourrait faire aux cinq derniers chapitres de l'Hermès et même étendre à quelques-uns des précédents, c'est de manquer plus ou moins de cette méthode lumineuse qui distingue les bons livres français et qui leur assure, quand le mérite du fonds est égal, un bien grand avantage sur les livres composés en d'autres langues. On peut dire même que celui de Jacques Harris gagne beaucoup à être lu dans la nôtre, et que M. Thurot, quoiqu'il ait relevé, avec une rare sagacité, les erreurs de l'auteur anglais, a fort contribué à étendre la réputation méritée dont jouit l'Hermès. C'était un début très-honorable qu'une traduction si parfaite, précédée d'un exposé si instructif et enrichie de tant de remarques judicieuses. Tout ce travail annonçait un philosophe déjà exercé dans l'art d'écrire; et si la commission d'instruction publique n'avait demandé qu'une simple version, elle obtenait assurément beaucoup plus.

Au mois de février 1797 (7 ventôse an v), le traducteur d'Harris ouvrit, au Lycée des Étrangers, un cours de grammaire générale, dont le programme

seul a été imprimé [1]; c'est le plan d'un enseignement très-méthodique et très-étendu. Plusieurs des
leçons dont ce cours s'est composé subsistent manu-

[1]. LYCÉE DES ÉTRANGERS : PROGRAMME DU COURS DE GRAM-
MAIRE GÉNÉRALE ET COMPARÉE; par F. THUROT, traducteur
de l'Hermès d'Harris.

Ce cours sera divisé en neuf leçons, ainsi qu'il suit :

Première leçon : Introduction. — Définition, étendue et limites
de la science grammaticale. — Liaison sensible de cette science
avec la métaphysique et la logique, avec la poésie et la rhétorique ou l'art oratoire; la science grammaticale est la base nécessaire de ces arts. — Utilité de cette science pour toutes les classes
de citoyens qui aspirent à quelque instruction. — Exposition de
la méthode que le professeur suivra dans ses leçons, et des objets
qu'il y traitera.

2e *leçon* : Génération des facultés et analyse des opérations de
l'entendement. — Définition des termes communs à la logique
et à la grammaire. — Analyse de la proposition, qui comprend
la science grammaticale dans toute son étendue, puisqu'un discours, et même un livre entier, ne sont que des séries de propositions.

3e *leçon* : Institution des signes. — Origine et progrès du langage et de l'écriture. — Réflexions sur la langue écrite et sur la
langue parlée. — Avantages particuliers de l'une et de l'autre;
et à ce sujet, parallèle des langues anciennes et des langues modernes.

4e *leçon* : Analyse des éléments du discours. — Ces éléments
se retrouvent les mêmes dans toutes les langues anciennes et
modernes, et peuvent servir de terme de comparaison pour tous
les idiômes.

5e, 6e, et 7e *leçon* : Application des principes précédents à la
langue française. — Analyse de quelques morceaux choisis de
nos meilleurs écrivains en prose et en vers. — Exposition des
lois et des règles particulières à notre langue.

scrites [1], et entreraient fort utilement dans un recueil des œuvres diverses d'un si habile et si laborieux professeur.

Un second ouvrage anglais, non moins distingué que celui de Harris, mais dans un tout autre genre, occupa pendant quelques mois les studieux loisirs de M. Thurot. Il s'agissait de faire passer dans notre langue la Vie de Laurent de Médicis, que William Roscoe venait de publier en 1797, et qui ne laissait presque aucune valeur à ce qu'avaient écrit sur le même sujet Valori, Fabbroni et d'autres historiens. La traduction française parut en 1799 [2] et justifia pleinement les éloges que le texte avait obtenus en Angleterre. Il est juste d'avouer que l'ouvrage de Roscoe, bien que plus étendu que celui de Harris, offrait moins de difficultés au traducteur; mais écrire en français avec une élégante précision ce qui a été conçu et composé dans

8e *leçon* : Comparaison des langues grecque et latine avec la langue française, et à ce sujet, réflexions sur la science étymologique.

9e *leçon* : Comparaison de la langue française avec quelques-unes des langues modernes, telles que l'anglaise, l'italienne, etc.

Le professeur pourra faire encore, si on le désire, trois ou quatre leçons sur l'élocution et la prononciation, ce qui lui donnera occasion de traiter de l'accent, de la prosodie, de l'orthographe et de la ponctuation.

1. Les quatre premières et la septième.

2. Vie de Laurent de Médicis, surnommé le Magnifique, traduit de l'anglais de William Roscoe, sur la seconde édition, par François Thurot. Paris, imprimerie de Baudouin, librairie de Treuttel et Wurtz, an VIII; 2 vol. in-8°. XLVIII, 497 et 578 pag.

une autre langue, représenter fidèlement l'original et n'y rien laisser de mieux exprimé, est un succès beaucoup plus rare qu'on ne pense, et qui n'appartient qu'à des littérateurs habiles et laborieux, accoutumés, comme M. Thurot, à se rendre un compte sévère de leurs propres idées et de celles d'autrui. Du reste, et la préface et les additions sont ici de l'auteur anglais : le traducteur n'y a joint qu'une épître à M. Le Couteulx-Canteleu, qui lui avait conseillé d'entreprendre ce travail, et qu'un petit nombre de notes fort succinctes : il désavoue dans ces remarques, ainsi que dans l'épître, certaines opinions de Roscoe, trop peu dignes en effet des lumières de cet écrivain. On estimait alors en France la philosophie des Anglais ; mais on ne s'était pas condamné à une aveugle admiration de toutes leurs doctrines et à une imitation servile de leurs institutions. On n'avait pas non plus commencé à révérer l'usurpation, et les descendants de Laurent de Médicis demeuraient, à titre d'oppresseurs, déshérités de la gloire de leurs ancêtres.

Peu de mois après la publication de cette traduction, il se forma, entre des professeurs de l'école Polytechnique [1] et d'autres amis des saines études, une association qui, en 1802, ouvrit, sous le nom d'École des sciences et des belles-lettres, une maison d'éducation spécialement destinée aux enfans des plus riches familles. Le prix de la pension ne rendait cette

—————

1. MM. Lacroix, Poisson....

école accessible qu'à de pareils élèves : ils y recevaient
une très-haute et très-pure instruction , celle qui pouvait le mieux les assimiler aux hommes les plus éclai-
rés des classes moyennes. Chargé de la direction générale de cet établissement , M. Thurot s'acquitta de
cette fonction , comme de toutes celles qu'il acceptait,
avec la plus religieuse exactitude. Il s'était particulièrement réservé l'enseignement des langues , de la littérature et de l'histoire ; cependant il surveillait tous
les autres genres d'études , et ne négligeait, au sein
de cette école , que ses intérêts personnels. Diverses
circonstances obligèrent de la fermer en 1807 ; il s'en
fallait qu'elle eût contribué à la fortune du directeur;
mais , pendant qu'il la régissait , il avait contracté , en
1803 , un mariage qui a fait le bonheur de tout le
reste de sa vie. Il avait aussi poursuivi le cours de ses
travaux littéraires , et pris surtout un rang distingué
parmi les hellénistes , en publiant , en 1806 , le volume intitulé Apologie de Socrate d'après Platon et
Xénophon [1] : là , trois écrits de Platon , savoir : l'A-
pologie , le Criton et la partie historique du Phédon ,
précèdent le livre de Xénophon qui porte ce même
titre d'Apologie. Les textes grecs , attentivement re-
vus , et imprimés avec toute la correction désirable ,
sont suivis d'observations philologiques , qui en faci-

---

1. Ἀπολογία Σωκράτους κατὰ Πλάτωνα καὶ Ξενοφῶντα. Apologie
de Socrate d'après Platon et Xénophon , avec des remarques
sur le texte grec, et la traduction française, par Fr. Thurot,
directeur de l'École des Sciences et Belles-Lettres. Paris, Firmin
Didot, 1806. 1 vol. in-8°, XXIII et 268 pages.

litent l'étude, et de traductions françaises qui expriment toutes les idées et reproduisent, autant qu'il se
peut, le style de ces deux éloquents écrivains. M. Thurot avoue qu'il a mis un grand soin à tout ce travail
d'éditeur et d'interprète, et l'on s'en aperçoit assez à
la parfaite vérité de tous les détails. La préface a droit
aux mêmes éloges : elle se compose de réflexions pro-
fondes sur l'enseignement des langues, sur les calomnies et les persécutions dont la philosophie n'a jamais
cessé d'être l'objet, sur la sagesse de Socrate, et même
sur ses erreurs ou bien sur celles de son disciple Platon. Le volume est dédié au vénérable M. Coray, le
doyen des hellénistes célèbres, et celui avec lequel
M. Thurot a constamment entretenu les plus intimes
relations.

Libre des soins assidus qu'exigeait la direction d'une
école, M. Thurot put se livrer en pleine liberté à ses
savantes recherches, et s'en délasser de temps en
temps par la rédaction de quelques articles de jour-
naux. Il s'était essayé en ce périlleux genre dès l'année
1800, en insérant dans la Décade philosophique une
analyse des Mémoires de Cabanis [1], qui venaient
d'être publiés par la Classe des sciences morales et politiques de l'Institut. C'est un des premiers hommages
qu'ait reçus ce mémorable tableau des facultés de
l'homme et des rapports intimes que la nature a établis

---

1. Lettre aux auteurs de la Décade sur divers Mémoires du
citoyen Cabanis, par F. Thurot. An VIII. 3ᵉ trimestre, 20 floréal,
nᵒ 23, pag. 262-270. Seconde lettre sur le même sujet, 20 prairial,
nᵒ 26, pag. 461-468, et 30 prairial, n 27, pag 521-527.

entre elles. La Décade contient encore, en 1802, un article de M. Thurot sur un ouvrage de grammaire 1; mais on ne voit pas que durant les six années suivantes il ait rien fourni à des recueils périodiques. Il ne reprend ce genre de travail qu'en 1809 et 1810; c'est alors que sa coopération au Mercure de France devient fréquente : il y dépose un grand nombre d'observations littéraires, dont les plus importantes concernent la méthode de Pestalozzi 2, le Dictionnaire grec-français de M. Planche 3, les publications de M. Coray 4, l'Histoire des premiers temps de la Grèce, par Clavier 5, la traduction de l'Iliade en vers français, par Aignan 6, la Vie de Michel-Ange, écrite en anglais par Duppa 7. Il se peut que d'autres articles ou les livres dont ils rendent compte 8 aient un peu moins conservé d'intérêt : mais on retrouve partout l'équité, le bon goût, l'urbanité, la bienveillance même, qui caractérisent la saine critique; partout un grand

1. Cours de lexicographie et de lexicologie par M. Butet. Décade, an X, 3o floréal n° 24, pag. 335-342.

2. Merc. 1809, sept. t. XXXVIII pag. 89-97; pag. 137, etc.

3. Ibid. nov. t. XXXIX, pag. 7-17.

4. Merc. juillet 1810, etc.

5. Merc. déc. 1809, t. XXXX, pag. 273-281.

6. Merc. juin 1809, pag. 582-591; 657-667.

7. Merc. mars 1810, t. XII, pag. 28-31; 93-97.

8. Publications de M. Coumas de Larisse, et des frères Zosima; divers écrits de J. F. Gail. Eudoxe ou Entretiens sur l'étude, etc. Essais de métaphysique. Traduction du Dialogue sur les Orateurs. Écrits sur l'éducation des femmes, etc. Voyez les Mercures d'avril, mai, juillet, août 1809; — avril, mai, octobre 1810, etc.

soin de faire exactement connaître les matières et les
formes des ouvrages , de rendre aux auteurs une
pleine justice , et d'offrir pourtant aux lecteurs tous
les renseignements dont ils ont besoin pour ne rester
exposés à aucune déception.

Ce fut en 1811 que le traducteur de Harris , de
Roscoe , de Platon , commença d'occuper une chaire
publique. On le nomma professeur suppléant de philosophie à la faculté des lettres de l'Académie de Paris ;
il était impossible de donner à son ami , M. Laromiguière , un plus digne adjoint. Incorporé ainsi , et
bientôt distingué dans l'Université , il était particulièrement appelé à juger , à la fin de chaque année sco-
laire , les concours solennels des élèves qui avaient ,
comme autrefois lui-même , brillé dans les classes su-
périeures. L'enseignement de la philosophie le prépa-
rait à composer un jour son principal ouvrage , et lui
permettait cependant de consacrer encore quelques
heures à la littérature grecque. Il donna , en 1813 ,
une édition des Phéniciennes d'Euripide [1], où il joi-
gnait au texte un choix de scholies grecques , et des
notes françaises pleines de goût et de véritable science.
Ce volume , où il a recueilli les plus importantes observations de Valckenaer et de Porson , et en a com-
plété ou rectifié plusieurs par les siennes propres , est

---

[1]. Εὐριπίδου Φοίνισσαι ; les Phéniciennes d'Euripide avec un choix
de scholies grecques et des notes françaises ; par Fr. Thurot,
professeur adjoint de philosophie à la faculté des lettres de l'A-
cadémie de Paris. Paris; F. Didot, 1813 in-8°. XVI et 246 pages,
avec un portrait d'Euripide gravé par M. Alex. Thurot.

dédié à son frère , autrefois son élève, M. Alexandre Thurot, qui cultive à la fois les arts du dessin et la littérature classique, et qui a traduit le Manuel d'histoire ancienne de Heeren.

Le décès du médecin Bosquillon , en 1814, fit vaquer au Collège royal de France la chaire de philosophie grecque : les suffrages des professeurs et ceux de l'Académie des Inscriptions et belles-lettres appelèrent M. François Thurot à cette chaire, qui dès-lors prit le nom de langue et de littérature grecque, et non plus seulement de philosophie. A tous ces titres, il était, à cette époque, l'un des hommes les plus capables de la bien remplir , celui peut-être qui réunissait le mieux les différens genres de connaissances qu'elle pouvait exiger : il y a expliqué Platon, Xénophon , Marc-Aurèle , et quelquefois recherché dans Homère les traditions philosophiques ou religieuses de la Grèce antique. Pour faciliter à ses auditeurs l'étude de celui des livres de Platon qui porte le nom de Gorgias, il fit imprimer, à part, en 1815, ce dialogue célèbre [1] dont Cicéron admirait l'éloquence [2], et qu'on a spécialement besoin de lire pour ap-

---

1. Πλάτωνος Γοργίας. Gorgias, dialogue de Platon; édition donnée par Fr. Thurot, professeur de langue et de philosophie grecques au Collège royal de France. Paris, F. Didot. 1815, in-8º. IV et 76 pages.

2. Quo in libro in hoc maximè admirabar Platonem, quod mihi in oratoribus irridendis ipse esse orator summus videbatur. Cic. de Oratore. Lib. I. n. XI.

prendre l'histoire des doctrines ou des controverses sophistiques.

Cependant M. Thurot continuait à la faculté des lettres ses leçons de philosophie : il les ouvrit à la fin de 1818 par un discours sur une question si souvent débattue qu'elle pouvait sembler oiseuse : Qu'est-ce que la philosophie? Cette fois elle fut traitée d'une manière sérieuse et neuve ; le professeur eut besoin pour la résoudre de tracer le plan général de son propre enseignement ; et il déposa ainsi dans ce discours les germes du grand ouvrage qu'il devait publier douze ans plus tard. Dès lors il divisait la philosophie fondamentale en deux parties ; l'une recherchant les faits dont se compose l'histoire des facultés intellectuelles et morales de l'homme ; car c'était là , aux yeux de M. Thurot, une science de faits , comme toutes les sciences naturelles; l'autre déduisant de cette histoire même les méthodes à suivre pour obtenir la plus sage et la plus heureuse direction de ces facultés , ou , en d'autres termes , employant l'étude de l'*entendement* au perfectionnement de la *raison*. Par ce mot de *raison* , pris dans son acception la plus étendue , il entendait l'ensemble de nos facultés intellectuelles , en tant que nous les appliquons à nous assurer de la vérité , ou à nous préserver de l'erreur , ou à régler notre conduite. Après avoir tracé ce tableau de la véritable philosophie, il terminait son discours en la vengeant avec éclat des calomnies et des outrages dont si souvent, pour le malheur du genre humain, elle a été la victime. Il démasquait le zèle hy-

pocrite et les vils intérêts que de siècle en siècle elle
a eus pour ennemis.

Jusqu'à l'âge de cinquante-deux ans, M. Thurot
avait eu le bonheur de conserver sa mère, qui, depuis plusieurs années, était venue habiter Paris : il la
perdit en 1820, et cette séparation était l'une des
plus douloureuses que pût éprouver un homme pro-
fondément sensible, à qui toutes les affections domes-
tiques ne pouvaient cesser d'être nécessaires. Il lui
restait une épouse, une fille, une sœur, un frère, et
le goût des paisibles études. On entreprit en 1821
une édition des œuvres de Locke, traduites en français, et il fut invité à la diriger. Quoique son nom se
lise à la tête du premier volume qui contient le traité
de l'éducation [1], il n'a réellement revu que les six
suivans, où en effet il a corrigé la traduction de
Coste, et rapproché des œuvres de Locke, surtout de
son Essai sur l'entendement humain, quelques écrits
de Leibnitz qui tiennent aux mêmes sujets et qui ne
se lisaient pas tous dans notre langue. C'est la meil-
leure édition française du grand ouvrage de Locke et
de quelques-uns de ses opuscules. A la vérité, il s'en

1. OEuvres philosophiques de Locke; nouvelle édition revue par
M. Thurot, professeur au Collège royal de France et à la faculté
des lettres... Paris, Firmin Didot, t. 1er (Education des enfans),
1821, XVIII et 532 pag. in-8º. Tome II, III, IV, V, VI, Entendement humain. 1821, 1822, 1823, 1824, in-8º, LXVIII, 410, 409,
419, 411 et 407 pages. Tome VII, Conduite de l'esprit dans la
recherche de la vérité, Lettres sur la tolérance, etc. 1825, 409
pages.

faut qu'elle soit complète : le traité du gouvernement civil y manque ; mais le philosophe anglais n'avait point encore trouvé en France un aussi habile éditeur. Ce travail, qui a occupé M. Thurot jusqu'en 1825, ne l'empêchait ni d'en continuer de plus graves, ni même d'en entreprendre de plus difficiles. Cependant sa santé ayant paru s'affaiblir en 1823, il avait, cédant aux instantes prières de son épouse, donné sa démission de la place de professeur adjoint à la faculté des lettres, et il ne conservait que la chaire dont il était titulaire au Collège de France. Mais, à cette époque, il contracta un nouvel engagement, qu'il eût pu trouver fort grave si la littérature grecque et les sciences morales lui eussent été moins familières.

M. Coray venait de mettre au jour d'excellentes éditions de la Morale et de la Politique d'Aristote : M. Thurot conçut le dessein de publier, au profit des malheureux Grecs échappés aux massacres de Scio, des traductions françaises de ces deux ouvrages. MM. Firmin Didot, toujours prêts à s'associer aux entreprises généreuses, se chargèrent des frais d'impression : M. Thurot donnait son travail ; en moins d'un an il acheva de traduire la Morale [1], et la Politique [2] parut en 1824. Il existait dans notre

1. La Morale d'Aristote, traduite du grec par M. Thurot. Paris, Firmin Didot, 1823, LXXIX et 500 pages.

2. La Politique d'Aristote, trad. par M. Thurot. Ibid. LXXIX et 558 pages.

langue une version du premier de ces traités ; on en comptait trois du second. Mais les traducteurs n'avaient point eu sous les yeux des textes aussi purs que ceux que fournissaient les récentes éditions de MM. Schneider et Coray : M. Thurot était réellement le premier auquel il ne manquât rien de ce qu'il fallait réunir de connaissances, de talents et de documents, pour comprendre les pensées d'Aristote, pour en saisir les nuances, en atteindre les hauteurs et en retrouver l'expression. Il lui appartenait d'en conserver la précision sévère, en y ajoutant, au besoin, de la grace et de la clarté. Aussi n'est-ce plus guère que dans sa traduction que se lisent en français, depuis 1824, ces deux grands ouvrages ; et l'on peut dire même que le premier, celui qui traite de la science des mœurs, n'a commencé d'être généralement connu que par elle. Les notes dont elle est accompagnée sont tantôt grammaticales, tantôt philosophiques , mais les unes et les autres si rares et si courtes, qu'elles n'interrompent ou n'embarrassent jamais les raisonnements du philosophe grec, quoiqu'elles offrent tous les éclaircissements qu'ils peuvent exiger : l'érudition, sans appareil, ne s'y recommande que par son utilité. Les préfaces du traducteur sont des tableaux historiques où il retrace, avec une juste étendue, les origines des sciences morales et politiques, et leurs progrès jusqu'à la mort d'Alexandre : on y remarque un très-lumineux exposé de la doctrine de Socrate, une analyse rapide du Gorgias de Platon, ainsi que de ses traités de la République et des Lois, un ingénieux parallèle

des systèmes d'Épicure et d'Antisthène , un aperçu
des plus anciennes institutions sociales.

Peu d'années s'écoulaient sans quelques savantes
publications de M. Coray : on lui dut, en 1826, une
édition du Manuel d'Epictète, du Tableau de Cébès et
de l'Hymne de Cléanthe, avec des prolégomènes , des
commentaires et des tables; le tout en langue grecque [1]. M. Thurot n'a fourni à ce volume qu'une version française d'Epictète et de Cébès : la traduction
en vers de l'Hymne de Cléanthe est de Bougainville
aîné. Les deux livres en prose avaient été plusieurs
fois traduits, mais il était possible de se tenir plus
près des textes et de moins s'écarter cependant des
lois et des convenances de notre langue. M. Thurot a
parfaitement rempli ces conditions; et les meilleurs
juges ont décerné ces mêmes éloges à sa version de la
harangue de l'orateur Lycurgue contre Léocrate,
qu'il joignit aussi, en 1828 , à l'original et au travail
de M. Coray [2]. Il s'est abstenu d'ailleurs de toute
observation critique sur ce discours, qui n'est peut-
être pas exempt de quelque exagération , mais qui
nous apprend quelle étendue et quelle rigueur la morale civique avait prises chez les anciens Grecs.

On voit qu'à l'exception des Phéniciennes d'Euri-

---

1. Ἐπικτήτου Ἐγχειρίδιον, Κέβητος πίναξ, Κλεάνθους ὕμνος, ἐκδόντος
καὶ διορθώσαντος A. K. καὶ γαλλιστὶ μεθερμηνεύσαντος τὰ δύο πρῶτα
τοῦ F. Thurot, καὶ τὸ τρίτον ἑτέρου. Ἐν Παρισίοις, ἐκ τῆς τυπογραφίας
I. M. Ἐβεράρτου. Firmin Didot. 1826, in-8°, 70 et 174 pages.

2. Λυκούργου λόγος κατὰ Λεωκράτους.

pide, les livres grecs qu'il a traduits ou expliqués te-
naient tous plus ou moins à des doctrines philosophiques. C'était l'un des principaux objets de ses études;
et parmi les productions modernes, celles qui trai-
taient des sujets de ce genre attiraient particulièrement son attention. Il les annonçait quelquefois dans
la Revue encyclopédique, à laquelle, pendant les der-
nières années de sa vie, il a fourni un trop petit nombre d'articles. Ces extraits, qui ne portent point son
nom, ne sont le plus souvent reconnaissables que par
le bon esprit, le goût et la sagacité qui les caractérisent. Toutefois on a de sa main la copie de celui qui
concernait, en 1825, deux écrits de M. Laromiguière,
ceux qui ont pour titre Paradoxes de Condillac et
Discours sur la langue du raisonnement [1] : il y rend
à son illustre ami de purs et nobles hommages au
nombre desquels il faut compter les doutes mêmes
qu'il lui propose. L'année suivante il inséra dans le
même recueil, alors très-recommandable, un morceau
plus étendu, où il appréciait avec franchise un volume de fragments philosophiques [2]. A cette époque,
une école nouvelle se proclamait victorieuse de celle
du dix-huitième siècle, dont les ouvrages de Cabanis
et de M. Destutt-Tracy avaient signalé les derniers
progrès, et à laquelle il n'était arrivé depuis de re-
vers tant soit peu réels que les persécutions exercées
contre elle par des gouvernemens despotiques, enne-

1. Revue encyclop., mars 1825, pag. 777-780.
2. Revue encyclop., août 1826 pag. 327-334.

mis naturels de toute vérité. De jeunes professeurs
qui avaient, sans le vouloir, secondé ces violences,
s'attribuaient les triomphes qu'elles avaient obtenus ; en vain leur demandait-on quelle méthode,
quelle doctrine positive et intelligible ils entendaient
substituer à cette philosophie dont ils se vantaient d'a-
voir détruit l'empire : ils n'ont pas encore tenté d'exposer en quoi doit consister leur réforme, et l'on n'ob-
tient d'eux que d'impénétrables oracles, presque tous
surannés, empruntés et mal traduits. M. Thurot, à qui
les livres de Platon, de Leibnitz, de Reid, de Kant et
de leurs disciples, n'étaient pas moins familiers que ceux
d'Aristote, de Bacon, de Locke et de Condillac, avait
plus que personne les moyens de scruter le prétendu
éclectisme du dix-neuvième siècle, d'en démêler les
éléments et d'en démontrer la futilité. Il a daigné
s'occuper de ces chimères, dont le bruyant éclat l'é-
tonnait et l'affligeait même, quoiqu'il prévît assez que
la raison publique en ferait tôt ou tard justice. Mais
il allait bientôt répandre plus de lumières sur la science
que la nouvelle école venait de couvrir de tant de
nuages.

L'ouvrage qui lui assure un rang distingué parmi
les écrivains de notre âge parut au mois de février
1830 : il est intitulé *De l'entendement et de la raison, ou
introduction à la philosophie* [1]. Essayons d'en prendre, autant qu'il se peut en quelques instants, une

1. Paris, imprimerie de E. Pochard (gendre de l'auteur), librairie d'Aimé André, 1830. 1 vol. in-8°, CXX et 333, VII et
462 pages.

connaissance précise ; car c'est le plus grand fait de la vie littéraire de M. Thurot , le développement du système qu'annonçait son discours de 1818, le tableau le plus complet qu'il nous ait laissé des idées qui s'étaient mûries dans son esprit, et des sentimens généreux qui remplissaient son ame.

La première question qui s'élève dans les livres de philosophie est de savoir si ce mot même de philosophie est susceptible d'une définition assez exacte pour qu'on puisse toujours distinguer les objets qu'il embrasse de ceux auxquels il ne doit pas s'étendre. Peut-être saurait-on mieux à quoi s'en tenir après l'entière exposition des doctrines à comprendre sous ce titre ; mais il faut bien qu'un livre commence par une indication quelconque de sa matière , du genre de recherche ou d'instruction qu'il doit offrir. A ne considérer que l'étymologie et les divers emplois du mot de philosophie , il s'appliquerait à toutes les sciences humaines : M. Thurot avertit qu'il le restreint à celle qui recherche spécialement les vérités fondamentales que notre intelligence admet en vertu de sa propre nature. Il s'agit du tableau des facultés ou propriétés dont elle est douée, des procédés qu'elle suit dans l'acquisition de ses connaissances. Étudier l'homme, ou, comme le prescrivaient les anciens sages, se connaître soi-même , voilà la philosophie ; c'est une science de *faits*.

Ce nom de *faits* , qui a paru long-temps réservé aux phénomènes qui frappent nos sens, et à ceux qui, absents ou passés, nous sont connus par des témoignages, a été quelquefois étendu par des philosophes modernes aux mouvemens et aux actes de notre intelligence; et l'on doit avouer que ce sont bien là des *faits*, quand nous en avons un sentiment vif, distinct, uniforme et persévérant; mais la vérification en est difficile, hasardeuse, et suppose une critique extrêmement délicate; car, si l'on n'y prend garde, les opinions et les doctrines auront bientôt usurpé la place et le nom de témoignages. Il n'est guère d'expression dont il soit plus facile d'abuser que de celle de *faits de conscience*. Aussi M. Thurot se prescrit-il de n'admettre comme des *faits* de cette nature que ceux dont les hommes de tous les pays et de tous les temps ont reconnu l'existence, et qu'ils ont consignés dans leurs langues, en les exprimant par des noms vulgaires. En conséquence il s'interdit les termes étrangers ou purement techniques, dont l'unique service en métaphysique est d'ériger en *faits* des chimères. Presque toujours les expressions du langage ordinaire lui suffisent, et il s'applique à les prendre dans le sens le plus usité.

A ses yeux, le mot *idées* est ici le plus générique, le seul qui embrasse tous les *faits* ou phénomènes qui constituent l'histoire de l'entendement. De tous les noms donnés à cette science, celui d'idéologie lui paraît le plus convenable : il n'hésite point à le préférer à ceux d'ontologie, de psychologie, de pneumatologie et surtout de métaphysique. Les trois premiers n'indiqueraient que certains objets d'une si vaste étude, et le dernier, inconnu aux philosophes de

l'antiquité, tout-à-fait étranger à la langue classique
des Romains, n'a une origine grecque qu'en vertu
d'une très-fausse interprétation du titre de certains
livres d'Aristote [1].

En classant les idées ou les faits intellectuels, on a
été conduit à distinguer diverses propriétés ou facultés de l'entendement. Par faculté, M. Thurot entend
une puissance, une force réelle; et l'on doit en effet
reconnaître que c'est par une énergie qui leur est propre que les facultés de l'esprit humain se dévelop-
pent : il faut de l'activité pour ériger la sensibilité en
intelligence. Cependant telles sont aussi les conditions actuelles de notre existence, que nous avons à
subir beaucoup d'émotions qui ne sont aucunement
notre ouvrage, quoiqu'elles soient à compter parmi
les *faits* compris sous le nom générique *d'idées*.

L'ouvrage sur lequel viennent de se porter nos regards est divisé en deux parties : *entendement* et *raison*.
L'entendement, l'esprit, la conscience, le moi, sont
ici des termes synonymes ou qui du moins peuvent se
prendre l'un pour l'autre, tant qu'il n'est pas question d'envisager sous des points de vue particuliers
l'être dans lequel les faits intellectuels s'accomplissent.
Le traité de l'entendement n'est que l'histoire naturelle de tous ces *faits*, quels qu'ils soient et quelques
directions qu'ils prennent. La *raison*, qui est, aussi

---

1. Ces livres étaient intitulés Τὰ μετὰ τὰ φυσικά, ceux qui venaient *après les* livres de physique : les écoles du moyen âge en
ont fait, en supprimant le second article τὰ, le terme barbare de
Métaphysique, qui n'est susceptible d'aucun sens déterminé.

bien que l'entendement, l'ensemble des facultés de notre intelligence, la somme de tous nos moyens de connaître, de savoir et de vouloir, suppose de plus l'exercice le plus légitime des pouvoirs intellectuels, l'emploi le plus exact et le plus régulier de tous les instruments de la pensée, une tendance constante à la vérité, c'est-à-dire à découvrir et à discerner ce qui existe réellement, soit en nous-mêmes, soit hors de nous.

Tous les faits de l'entendement sont ici distribués sous les trois titres de *connaissance*, de *science* et de *volonté*. La *connaissance* a pour objets le monde extérieur, tous les corps y compris le nôtre, qui est lui-même extérieur à l'esprit qui l'anime. Deux sortes de facultés concourent avec la sensation à la production de la connaissance : les unes sont primitives, comme la perception, la mémoire, la conscience; les autres dérivées ou composées, telles que l'imagination et l'attention. Ce vaste système, dont on ne peut indiquer ici que les principaux éléments, appartient en propre à M. Thurot : l'originalité des idées, leur justesse, leur étroite liaison, s'annoncent par la parfaite convenance et l'inaltérable clarté du style. Mais nous n'avons encore jeté les yeux que sur les premières sections de l'ouvrage.

Généraliser les perceptions particulières, considérer abstraitement les éléments, les qualités, les rapports, c'est-à-dire les séparer des objets où ils ont été aperçus, embrasser de longues séries de causes et d'effets, reconnaître ou établir l'enchaînement des faits et les réduire en système ; tels sont les développements de l'intelligence humaine auxquels le nom de science est appliqué. L'instrument de ce grand progrès est l'art des signes, et surtout des sons articulés ou du langage. Sans cet art il n'y aurait eu ni analyse ni synthèse; c'est par lui que l'esprit humain a pu, d'une part, décomposer les objets extérieurs et les faits intellectuels, les examiner et les décrire avec une précision rigoureuse; de l'autre les contempler dans leur ensemble, et s'élever à de très-hauts degrés de généralisation. M. Thurot recherche donc les causes du langage; il les trouve dans l'organisation de l'homme et dans la nature de notre intelligence. Il remonte à la détermination instinctive qui nous a entraînés à créer ce moyen de communication avec nos semblables. Il apprécie la valeur des mots qui expriment des idées ou particulières ou générales; il expose comment se succèdent dans l'esprit de celui qui lit ou qui écoute, des opérations qui correspondent plus ou moins exactement à celles qui ont eu lieu dans l'esprit de celui qui a écrit ou qui parle. Envisageant ensuite à la fois les divers mots qui composent une langue tant soit peu perfectionnée, il analyse la proposition, il explique comment le discours exprime une pensée, un résultat, et en quelque sorte un fait unique de l'entendement. Cet examen entraîne celui de toutes les espèces de mots, et des modifications qu'ils subissent pour devenir propres à l'expression complète de la pensée. On reconnaît dans ce précis de la grammaire universelle, l'habile traducteur de l'Hermès.

Après avoir considéré les relations et les fonctions des mots dans la proposition et dans les suites de propositions, il en examine quelques-uns en eux-mêmes dans leurs significations propres ou, pour ainsi dire, objectives : il recherche à quelles notions ou conceptions répondent les mots les plus abstraits du langage, tels qu'étendue, espace et durée, temps et lieu, unité, nombre, cause, effet, substance, essence, esprit, matière, individu, personne, infini, absolu, etc.; genre d'instruction qui reprend ici son importance et sa réalité, si peu sensibles dans les anciens traités d'ontologie. Cette section de l'ouvrage se termine par des réflexions sur l'abus des mots dans les questions inaccessibles à notre entendement, sur le néologisme des métaphysiciens allemands, sur les déclamations passionnées qui ont pris tant de fois la place des discussions philosophiques. Que les mouvements oratoires, les expressions emphatiques, les métaphores brillantes, soient, aux yeux de M. Thurot, des ornements tout-à-fait déplacés et de mauvais goût en de pareilles matières, on ne peut s'en étonner; car il les a traitées lui-même sans recourir à ces vains artifices, mais avec autant d'élégance et d'urbanité que de sagacité et de profondeur. La censure qu'il fait de ces monstrueux abus conserve des caractères de modération et d'indulgence : il ne veut pas voir dans le mot de *sensualisme* une accusation ou une injure; il ne le condamne que parce qu'il ne le croit pas français ni applicable au système qu'on a voulu désigner par une dénomination si étrange. Lors même qu'on ne craint pas de la traduire expressément par les mots de *théorie abjecte de la sensation*, il se borne encore à déclarer que ce langage lui paraît peu digne de la véritable philosophie ; et si de plus on partage les philosophes d'une époque toute récente en éclectiques , théologiens et *sensualistes* , il ne se plaint de ces catégories que parce qu'elles répondent mal aux caractères positifs des doctrines , et que l'énumération n'est ni exacte ni complète. Mais, par la décence même et la mesure de sa critique , il rend plus sensibles les écarts et la présomption de la fausse science.

La section suivante est consacrée à la *volonté*, qui , avant d'agir sur les facultés de notre intelligence , est mise elle-même en mouvement par des causes qu'il n'est pas toujours facile de bien démêler. Ces causes sont les sentiments, c'est-à-dire nos affections intimes ou agréables ou pénibles. Porté au plus haut degré d'exaltation ou de vivacité, le sentiment prend le caractère et le nom de passion , véritable état de souffrance où un seul objet occupe exclusivement l'esprit. Sous le rapport de leurs objets ou de leurs sources, les sentiments se divisent en trois ordres , que distinguent les qualifications de physiques ou organiques , d'intellectuels et de moraux ; mais si l'on ne veut avoir égard qu'à leurs directions , on peut les réduire à deux classes , selon qu'ils seront ou purement personnels ou sympathiques. Les premiers se masquent souvent sous l'apparence des seconds ; mais la prédominance réelle de ceux-ci est, selon M. Thurot, la cause de toutes les actions vertueuses ; et c'est l'ascen-

dant des autres qui produit les mauvaises actions. Il
a soigneusement développé ce double résultat de ses
recherches, et y a rattaché une théorie morale qui
embrasse d'un côté l'humanité, la justice, l'honneur ; de l'autre l'orgueil, la vanité, l'hypocrisie, les
désirs immodérés des richesses, du pouvoir, de la
renommée.

Il établit ensuite, comme faisant partie de la consti-
tution de l'entendement humain, une faculté de perception morale qui se développe après ou avec celle
de parler ou de se mettre en communauté d'idées
avec ses semblables. Les phénomènes de cette perception morale lui paraissent avoir une analogie remarquable avec ceux de la perception des objets extérieurs,
produite ou suggérée par les sensations. A la vérité,
les sentiments qui nous affectent quand nous sommes
les témoins ou les auteurs des actions soit utiles soit
nuisibles aux autres hommes, peuvent souvent passer
inaperçus ; mais la réflexion constate leur existence ;
et d'ailleurs la plus légère attention sur nous-mêmes
suffit pour nous apprendre que les sentiments sympathiques qui nous associent aux peines et aux plaisirs
d'autrui déterminent nos jugements sur les actions qui
causent ces plaisirs et ces peines et sur les personnes
à qui ces actions peuvent être attribuées. De là vient
la perception de la qualité bonne ou mauvaise des actions, du mérite ou du démérite des agents ; de là en
un mot, la perception morale. Cette importante analyse est terminée par des éclaircissements sur la liberté
morale et le libre arbitre. M. Thurot considère aussi

l'influence de la législation ou du mode d'existence des sociétés politiques sur la vertu et le bonheur. Il a auparavant défini la vertu : une disposition constante à satisfaire, en toute circonstance, à deux sortes de devoirs, d'une part à l'obligation morale ou naturelle, de l'autre à l'obligation légale ou positive. Le bonheur, dans la condition actuelle de l'homme, est l'état où la somme des biens surpasse le plus possible celle des maux qui seront toujours, quoi qu'on fasse, mêlés aux biens en plus ou moins forte proportion. Ainsi le bonheur humain, si l'on fait abstraction des causes tout-à-fait étrangères à nos volontés, dépend principalement du caractère de chaque homme, de sa manière de sentir, soit naturelle, soit acquise, des lumières de son esprit, et de la juste appréciation qu'il sait faire des biens et des maux, enfin des habitudes raisonnables qu'il a contractées. Mais ce mot de *raisonnable* ne doit être complètement expliqué que dans la seconde partie de l'ouvrage.

La première vient de nous présenter, sous les trois titres de *connaissance*, de *science* et de *volonté*, toutes les séries de faits qui composent l'histoire de l'entendement humain, bien ou mal dirigé. Maintenant il faut savoir quel usage il convient de faire de nos facultés intellectuelles, par quels procédés elles tendront le mieux à découvrir et à reconnaître l'état réel des choses qui dans le monde extérieur et dans notre ame elle-même sont les objets de nos pensées. Au fond, tant de discussions épineuses sur l'origine et la classification des idées, n'ont de motif ou d'excuse que dans les conséquences pratiques qu'on a l'espoir d'en tirer. L'analyse de l'entendement n'est utile qu'autant qu'elle sert à l'éclairer, à lui ouvrir et à lui tracer les routes qu'il doit suivre pour se préserver des illusions et acquérir de véritables connaissances. C'est le but que désignait le nom de logique, long-temps donné à des traités où s'entremêlaient confusément quelques tableaux du développement naturel de notre intelligence, et quelques unes des règles qu'elle a besoin de suivre pour s'assurer de la rectitude de ses opérations. Depuis on a distingué de l'idéologie proprement dite, spéculative ou, si l'on veut, historique, les arts intellectuels qui doivent en dériver et qui seraient, selon Condillac, au nombre de quatre, arts de parler, de penser, d'écrire et de raisonner. M. Thurot a traité de l'art de parler dans la section de la *science*; il ne dit rien de l'art d'écrire, quoiqu'il soit aisé de s'apercevoir qu'il en a fait une étude très-profonde. Il se proposait de réparer cette omission dans une édition nouvelle qu'il n'a pas eu le temps de préparer : mais la deuxième partie de son ouvrage, telle qu'il l'a publiée, ne concerne en effet que les arts de penser et de raisonner, si même ce sont là réellement deux arts distincts. Après des éclaircissements qui tendent à déterminer le sens des mots raison, bon-sens, vérités nécessaires, vérités contingentes, évidence et démonstration, certitude et preuve, opinion et probabilité, il définit la méthode, selon la valeur étymologique de ce mot [1]., le chemin qu'on suit pour trouver

1. Μετὰ et ὁδός.

une chose que l'on cherche ou que l'on veut atteindre, la route qui conduit à cette chose, le moyen ou l'ensemble des moyens qu'on emploie pour la découvrir et la saisir. La méthode a trois procédés, l'un fondamental, l'autre provisoire, et le troisième définitif. Le premier est l'observation qui elle-même a trois modes, l'analyse, la synthèse et l'expérience. Le second procédé est l'analogie dont les modes sont les conjectures et les hypothèses, et le procédé définitif est l'induction.

Pour observer un objet, pour y remarquer des parties, des qualités, des propriétés, et pour exposer les résultats de ces observations, on est obligé de le décomposer et de le recomposer. Si l'on veut pénétrer jusqu'à sa nature intime, démêler ses divers modes d'existence, ses rapports avec un nombre plus ou moins grand d'autres objets sur lesquels il peut agir ou qui peuvent agir sur lui, les modifications qu'il peut leur donner ou recevoir d'eux, la simple observation des phénomènes spontanés sera souvent insuffisante. Il faudra placer l'objet dans des circonstances où les rapports et les modifications que l'on cherche à connaître pourront se manifester; il faudra multiplier, varier ces circonstances, en ajouter, en exclure, jusqu'à ce qu'on obtienne une connaissance précise et certaine. Ce genre d'observations reçoit le nom d'expérience, et diffère du pur empirisme, impatient de tirer des premières épreuves, quelquefois d'une seule, des conclusions aventurées.

Cependant certains rapports de ressemblance, de

nombre , de symétrie qui se manifestent spontanément dans les parties et les qualités des différents
objets que nous avons occasion d'observer, nous dis-
posent à établir entre ces objets des liaisons au moins
provisoires ; c'est en cela que consiste l'analogie. Si la
mémoire, si certaines associations d'idées nous suggè-
rent d'autres analogies que nous ne voyons pas encore,
mais que celles qui ont été observées nous autorisent
à soupçonner , nous formons des conjectures plus ou
moins heureuses ; et lorsqu'en réunissant plusieurs de
ces conjectures, nous en composons un système, quand
la pensée, par une sorte d'anticipation, conçoit le fait
ou le rapport unique qui doit servir de lien commun
à plusieurs groupes de phénomènes , il en résulte une
hypothèse qu'il est quelquefois utile d'admettre jusqu'à ce qu'on ait pu la vérifier par l'analyse et l'expérience.

Cette vérification, qui doit ériger l'hypothèse en
théorie, exige des séries complètes d'épreuves , des
décompositions rigoureuses, des énumérations exactes
auxquelles est ici appliqué le nom d'induction. Pour
rendre sensibles les trois grands procédés de la me-
thode et leurs divers modes , M. Thurot en fait des
applications aux sciences physiques, à l'idéologie, aux
sciences morales et politiques. Il en retrace les règles
fondamentales établies par Bacon, par Descartes et
par Newton. Il reproduit aussi les trois préceptes gé-
néraux auxquels Pascal a réduit toute la logique, et
dont le premier se rapporte aux définitions, le second
aux axiomes, le troisième aux démonstrations. Ces

trois règles s'appliquent à l'opération qui a pris dans les écoles le nom de raisonnement. En soi le raisonnement n'est que l'usage de la raison, que l'exercice régulier des facultés de l'esprit, que l'emploi des procédés de la méthode. Un raisonnement exprimé par le langage ne devrait être que l'exposé d'une suite d'idées ou de faits particuliers de l'intelligence, rapprochés et enchaînés à l'effet d'établir un fait général ou principal, ou bien de montrer qu'il n'existe point. Si au contraire le raisonnement se compose d'éléments qui ne sont pas des faits réels, mais de pures conceptions où il n'y aura que ce que nous y aurons mis tout exprès, il ne sera qu'une forme, vide de toute instruction positive, et pourra néanmoins éblouir pendant quelque temps la raison des hommes qui l'auront imaginé et de ceux auxquels ils en présenteront le vain appareil. Tels sont les vains arguments dont les écoles ont si long-temps retenti et retentissent peut-être encore.

Quoique M. Thurot ne se soit point proposé de tracer dans cet ouvrage l'histoire des systèmes, anciens et modernes, relatifs à la formation des idées et à la direction des facultés intellectuelles, peu de livres offrent des notions plus exactes de ces diverses doctrines. L'auteur ne néglige aucune occasion d'indiquer les philosophes de toute époque qui ont professé des opinions contraires ou conformes aux siennes. Quand il combat les leurs, c'est avec les égards qui font de la contradiction un hommage. Lorsqu'il retrouve ou croit retrouver chez eux quelques-unes de

ses propres pensées, il s'empresse d'invoquer l'auto-
rité de ces écrivains comme la plus sûre garantie qu'elles puissent avoir. Souvent même il lui suffit qu'ils
aient dit quelques mots qui avoisinent les résultats
de ses recherches personnelles, pour qu'il leur attri-
bue tout ce qu'on y pourra trouver de justesse et de
sagacité. Il n'en est pas moins vrai que le système
entier, et la plupart des détails de ce grand traité lui
appartiennent, et que la philosophie générale lui doit
des progrès nouveaux. Sans doute, en de tels sujets,
plus d'un article peut rester susceptible de discussion ;
mais c'est un fait mémorable que cette exposition
modeste d'une théorie si neuve et si claire, après l'in-
vasion du plus ténébreux mysticisme, et au moment
même où il célébrait avec le plus d'emphase ses pré-
tendus triomphes.

Le 7 mai 1830, trois mois après la publication du
traité de l'entendement et de la raison, M. Thurot
fut élu membre de l'Institut. Dès 1803, sa place y était
marquée dans la classe des sciences morales et politiques où les équitables suffrages de ses amis Cabanis,
Ginguené, Garat, etc. n'eussent pas tardé à l'appeler.
Mais le pouvoir absolu de ce temps-là se hâta de sup-
primer cette classe, qui avait déjà répandu trop de
lumières et imprimé aux études philosophiques des
caractères dangereux d'exactitude et de franchise.
On raya du tableau des connaissances humaines ces
sciences téméraires qui cherchaient dans les besoins
et les facultés des hommes les éléments du système social ; dans les intérêts des peuples plus que dans ceux

des gouvernements, la théorie des mœurs et des lois. Deux anciennes académies qui avaient mieux vécu avec les hautes puissances, et qui ne figuraient point assez dans la première composition de l'Institut, l'envahirent soudainement et reprirent leurs paisibles habitudes, s'occupant, l'une des formes du langage moderne, l'autre de la recherche des choses antiques. A la vérité, M. Thurot pouvait encore trouver place dans la première, comme un des plus savants grammairiens et des plus purs écrivains de cet âge; dans la seconde, comme un de ceux qui cultivaient avec le plus de méthode et de fruit la littérature grecque. Mais vingt-sept ans s'écoulèrent sans qu'il obtînt cette justice, qu'à vrai dire il ne réclamait pas bien vivement : il laissait volontiers à ses amis et aux hommes de lettres qui avaient su l'apprécier, le soin de la solliciter pour lui.

Admis enfin à soixante-deux ans dans l'Académie des Inscriptions, il reçut, quelques mois après, fort inopinément, la décoration de la Légion-d'Honneur. Jamais il n'avait songé à demander une telle marque de bienveillance; il en fut reconnaissant comme d'une faveur pleinement gratuite, à laquelle il n'avait su attribuer aucune valeur, mais qui devait en avoir aux yeux de ceux qui la lui accordaient. Il attacha beaucoup plus de prix à la confiance qu'on lui témoigna en le nommant, dans le cours de l'année 1831, membre du conseil de perfectionnement de l'école des sourds-muets : c'était lui fournir l'occasion d'appliquer utilement ses connaissances philosophiques et grammaticales, ses longues méditations sur la communication des idées. Le 9 août de la même année, l'Académie française lui décerna solennellement le premier des prix destinés aux plus utiles ouvrages ; et cette fois elle ne faisait que proclamer le jugement du public éclairé. Le juste hommage qu'elle rendait au traité de l'Entendement et de la raison, avait d'autant plus de valeur et d'éclat, qu'elle adjugeait le second prix à un ouvrage d'un très-grand mérite encore, à l'Histoire des Français de tous les états par M. Monteil : cette association honorait à la fois les deux concurrents et leurs juges.

Le 7 octobre suivant, M. Thurot fit à l'Académie des Inscriptions et Belles-Lettres un rapport sur la nouvelle édition du Trésor de la langue grecque de Henri Estienne. Il la trouvait à tous égards préférable à l'édition anglaise, et la croyait néanmoins susceptible de quelques améliorations qu'il indiquait: c'est un savant et impartial examen du travail des éditeurs de Paris. Adopté par l'Académie, ce rapport a été adressé au ministre qui l'avait demandé, et MM. Firmin Didot l'ont imprimé pour être joint au célèbre dictionnaire qu'il concerne [1].

Tout semblait promettre à M. Thurot une plus longue carrière : il n'avait que soixante-quatre ans, il lui

---

[1]. Académie des Inscriptions et Belles-Lettres : Rapport de M. Thurot sur la première livraison de la nouvelle édition du *Thesaurus linguæ græcæ*, d'Henri Estienne, publiée par MM. Firmin Didot. Paris, imprimerie de Firmin Didot (1831), 6 pages in-folio.

restait bien des travaux à publier, à terminer ou même
à entreprendre. Il avait achevé de traduire le Gorgias
de Platon, la vie de Reid par Dugald-Stewart, les
recherches de Reid lui-même sur l'esprit humain suivant les principes du sens commun, et plusieurs extraits des essais de ce philosophe. Ces traductions et
les observations critiques ajoutées à la première,
rempliraient deux volumes. Il avait encore à rassem-
bler et à mettre en œuvre ses remarques diverses sur
Aristote, sur Homère, sur d'autres anciens auteurs;
ainsi que beaucoup de matériaux et de fragments con-
cernant la philosophie, ou la grammaire générale, ou
les langues grecque et latine : rien ne lui manquait
de ce qu'il fallait pour recueillir et accroître les fruits
de toutes ses études, ni le talent, ni l'activité, ni la
santé même. Il jouissait pleinement des plus véritables
biens de la vie humaine, de ceux dont le bonheur
domestique se compose. S'il avait perdu d'excellents
amis, Cabanis, Ginguené, Breguet, Lambretchs,
madame de Condorcet, Victorin Fabre, de mutuels
sentiments d'estime continuaient de lui rendre aussi
chères qu'honorables ses relations avec M. Coray, son
maître en littérature grecque, avec MM. Destutt-Tracy
et Laromiguière, ses émules en méditations philosophiques; avec MM. Lacroix, Firmin Didot, de Pongerville, Auguste Fabre, mesdames Rousseau, Cabanis
et de Salm, et Jean-Baptiste Say qui lui a peu survécu.
Entouré de plus près d'amis intimes, il vivait au sein
de sa famille, heureux de toutes les affections tendres

qu'il savait si bien inspirer et ressentir. C'est là qu'on se souvient trop depuis qu'on l'a perdu, de tout ce qu'il valait comme époux, comme père, comme frère, parent ou allié. Ce savant si profond et si studieux n'était au milieu des siens que le meilleur des hommes, d'une invariable aménité, d'une extrême indulgence, d'une bienveillance inépuisable, et l'on jouissait autour de lui de son aimable caractère encore plus qu'on ne s'enorgueillissait de son mérite éminent. L'égalité de son humeur, les charmes de sa gaieté douce et de sa raison pénétrante, animaient les entretiens, encourageaient les efforts, adoucissaient les peines, attachaient des plaisirs purs à toutes les habitudes intérieures de la vie : ses récits, ses lectures, tous les accents de sa voix laissaient des émotions vives. Tant de soins qu'il prenait du bonheur des autres suffisaient au sien. Il avait conservé une disposition constante à s'arranger de toutes choses et à jouir naïvement des plus communes, d'un livre qu'il venait d'acheter, de quelque nouvel objet d'observation ou d'étude. Mais les personnes qui l'environnaient, le chérissaient trop tendrement pour s'en rapporter à lui seul du soin de son bien-être : elles lui prodiguaient à l'envi les témoignages du plus attentif dévouement, et l'on doit avouer qu'à cet égard nul homme de lettres n'a eu une destinée plus heureuse : il est vrai qu'aucun ne l'a mieux méritée.

Auteur sans prétention, littérateur sans intrigues, inaccessible à tout mouvement d'envie, de jalousie et d'ambition, il aimait la science pour elle-même et pour le bien qu'elle fait à la société; sa carrière laborieuse a été aussi paisible qu'elle pouvait l'être dans les temps orageux où il a vécu. Il eût vieilli de plus en plus content de son sort modeste, et la fortune en effet semblait ne devoir rien de plus à un philosophe pratique, auprès duquel il fallait qu'elle fît toutes les avances, qui ne sollicitait point ses bienfaits, qui ne fréquentait pas ses temples, qui ne s'exposait ni aux faveurs ni même aux regards de ses ministres. Aucune vue d'intérêt personnel ne s'est mêlée aux sentiments civiques de M. Thurot, à son ardent amour de la liberté, à la ferveur de ses vœux et à la persévérance de ses efforts pour l'achèvement des institutions qui la devaient garantir ; mais il est trop vrai que les cruelles atteintes qu'elle a successivement souffertes sous divers régimes l'ont vivement affligé : il aurait eu besoin de la prospérité publique pour jouir à son aise de son bonheur privé. Les évènements de juillet 1830 lui inspirèrent comme à tous les bons citoyens des espérances que depuis quinze ans il n'osait plus concevoir. Pourquoi faut-il ajouter qu'il les a perdues en bien peu de mois, et que le régime établi en 1831 ne les lui a pas rendues? Que ce fût erreur ou clairvoyance, toujours était-ce un profond chagrin, et le plus pénible qu'il pût éprouver. Nous ne croyons pourtant pas que ce système politique, si capable, selon lui, d'amener de nouveaux malheurs publics, ait contribué au dérangement de sa santé : c'est un fléau plus aveugle qui, après cinq jours de souffrance, l'a

ravi, le 16 juillet 1832, à sa famille, à sa patrie et
aux lettres. Deux de ses confrères, M. Hase [1] et

1. « Organe de l'Académie des Inscriptions et Belles-Lettres, a
« dit M. Hase, je viens au milieu de ce concours de savans profes-
« seurs, d'amis désolés, rendre les derniers devoirs à un confrère
« chéri de nous tous, parce que nous avons eu tous l'occasion de
« l'apprécier. Distingué par une réunion de talents divers, M. Fran-
« çois Thurot, dès sa jeunesse, s'adonna avec ardeur à la culture
« des lettres. Versé dans l'économie politique, dans l'histoire,
« dans l'étude des systèmes philosophiques, ne dédaignant point
« les pénibles et sévères travaux de l'érudition, il s'occupa tour-
« à-tour des objets scientifiques et littéraires les plus variés. Un
« esprit cultivé, un goût exquis, une connaissance approfondie
« de plusieurs idiomes, lui avaient donné les moyens de repro-
« duire dans notre langue, d'une manière plus instructive et plus
« animée qu'on ne l'attend ordinairement d'un traducteur, d'a-
« bord les recherches ingénieuses sur la grammaire générale, de
« Harris; plus tard les écrits élégans ou abstraits que nous ont
« légués les deux plus célèbres philosophes de la Grèce antique.
« Dans tout ce qu'il a publié se découvre une ame passionnée
« pour le bien, et les titres seuls de plusieurs de ses ouvrages
« suffiraient, pour ainsi dire, à son éloge; car on y reconnait le
« but d'utilité qui les a dictés. Parlerai-je des services rendus par
« M. Thurot depuis qu'il fut appelé au Collège de France comme
« professeur de langue et de philosophie grecques? Personne ne
« remplit les devoirs qu'imposent de semblables fonctions, avec
« plus d'assiduité et de zèle; personne ne prouva mieux combien
« avec un jugement solide, une grande clarté d'expressions, une
« longue étude de la langue des Hellènes, on peut répandre de
« nouvelles lumières sur une partie de la littérature où les diffi-
« cultés s'accumulent, pour ainsi dire, à chaque pas. La nature
« des travaux de M. Thurot avait également marqué sa place dans
« l'Académie des Inscriptions et Belles-Lettres. Nous ne l'avons
« conservé parmi nous que pendant deux ans; mais nous avions

M. Silvestre de Sacy [1] ont exprimé sur sa tombe les
regrets de l'Institut et ceux du Collège de France :

« promptement appris à aimer son caractère plein de franchise,
« de droiture, et de loyauté, son dévouement sans réserve à ceux
« qu'il affectionnait. »

1. « L'étude approfondie des doctrines et des leçons des sages
« qui furent l'honneur de la Grèce, a dit M. de Sacy, avait im-
« primé fortement dans l'ame de M. Thurot cette sage modéra-
« tion qui sait si bien se concilier dans la pratique avec les
« sentiments les plus vifs d'une noble indépendance, les relations
« nécessaires des droits et des devoirs , bases essentielles de
« l'ordre et du bonheur public et particulier. Il avait appris que
« le véritable but de la philosophie est de se connaître soi-même
« et de connaître l'homme tel qu'il est , sa grandeur et sa bas-
« sesse, sa haute destination et sa faiblesse inséparable de son
« organisation , la force du sentiment intime qui le porte vers
« l'honneur et la vertu, et la tyrannie des passions qui trop sou-
« vent obscurcissent son jugement et l'entraînent comme malgré
« lui dans l'abîme du vice et du déshonneur. Le fruit des mé-
« ditations de M. Thurot avait été de lui faire acquérir un puis-
« sant empire sur lui-même et de lui inspirer une grande indul-
« gence pour les erreurs et les fautes de l'humanité. Ce genre
« de mérite n'est pas sans doute celui qui frappe le plus vivement
« les regards de la multitude et que récompensent les applaudis-
« sements de cette foule qui se presse sur la scène du monde et y
« distribue le plus souvent au hasard les rangs de la renommée,
« mais c'est celui qui met l'homme en paix avec lui-même , qui
« lui assure le bonheur domestique, qui lui mérite l'estime et
« l'affection de tous ceux dont l'affection et l'estime sont de
« quelque prix aux yeux de la sagesse et de la vertu. C'est ce
« mérite qui nous rendit si cher ce collègue que la mort vient de
« nous ravir : c'est lui aussi qui nous inspire aujourd'hui des re-
« grets si vifs et si sincères, et qui fera vivre long-temps parmi
« nous son honorable souvenir. »

ils ont rendu hommage aux vastes et solides connaissances de l'académicien modeste et de l'habile professeur, à la simplicité de ses mœurs, à la douceur de sa
société, à sa philosophie pratique, bien plus rare
que les mauvaises et même que les bonnes théories.
Cette philosophie si pure, ce patriotisme si éclairé,
ces vertus privées si chères à sa famille et à ses amis
quand il vivait, si amèrement regrettées depuis qu'il
n'est plus, sont retracés dans une inscription grecque [1], que le vénérable Coray lui a consacrée; Coray
son maître, son modèle, qui l'associait à ses savans travaux, qui lui avait voué l'affection d'un père, et qui
n'a pu long-temps lui survivre [2]. Un autre monument
vient de lui être élevé par M. de Pongerville [3] : c'est

[1].   ΦΡΑΓΚΙΣΚΟΝ ΘΥΡΟΤΩΝ, ΑΝΔΡΑ
            ΕΝ ΦΙΛΟΣΟΦΟΙΣ ΑΚΡΑΙΦΝΕΣΤΑΤΟΝ,
ΕΝ ΠΟΛΙΤΑΙΣ, ΤΟΥ ΚΟΙΝΗ ΣΥΜΦΕΡΟΝΤΟΣ ΠΡΟΜΗΘΕΣΤΑΤΟΝ,
            ΕΝ ΟΙΚΕΙΟΙΣ ΦΙΛΟΣΤΟΡΓΟΤΑΤΟΝ,
      ΕΝ ΦΙΛΟΙΣ, ΖΩΝΤΑ ΜΕΝ, ΑΠΑΣΙΝ ΕΥΝΟΥΣΤΑΤΟΝ,
      ΤΑΝΟΝΤΑ ΔΕ, ΜΑΛΙΣΤΑ ΠΑΝΤΩΝ ΕΜΟΙ ΠΟΘΕΙΝΟΝ,
                  ΧΑΙΡΕΙΝ ΚΕΛΕΤΩ
      Ο ΤΗΣ ΑΥΤΟΥ ΗΔΙΣΤΗΣ ΟΜΙΛΙΑΣ ΩΡΦΑΝΙΣΜΕΝΟΣ,
                ΑΔΑΜΑΝΤΙΟΣ ΚΟΡΑΙΣ.
                  16 Ιουλιου 1832.

Cette inscription se lit à la suite de l'avis par lequel s'ouvre
l'un des volumes de Mélanges de M. Coray : Ἄτακτα, τόμος
τέταρτος, μέρος δεύτερον, Paris, Eberart, 1833, in-8º.

2. Adamantios Coray est mort à l'âge de 85 ans, le 6 avril
1833.

3. Notice sur la vie et les ouvrages de M. J. Fr. Thurot. Paris,
Pinard, 1833, 8 pages in-8º, extraites de la France littéraire, tome
IV, XIIᵉ liv.

un tableau si fidèle et si animé de sa vie , de ses mœurs,
de ses ouvrages, que jamais M. Thurot ne pouvait être
plus dignement loué, plus habilement apprécié. Nous
n'avons pu y joindre qu'un plus grand nombre de
détails biographiques et littéraires; mais ce soin ne
nous a pas semblé superflu à l'égard d'un écrivain
qui n'en a pris qu'un seul de sa propre gloire , celui
de la mériter ; de tous peut-être le moins efficace,
ou même le moins nécessaire dans les derniers temps
où il a vécu. Juge sévère de ses productions , il
les estimait néanmoins assez pour ne pas s'employer
à leur obtenir un crédit artificiel : la vogue éphé-
mère dont elles eussent joui comme tant d'autres ,
les eût trop rabaissées à ses yeux. Le succès qu'il
leur souhaitait, c'était de servir réellement à l'instruction publique, d'étendre les connaissances utiles,
de propager la vraie science, de dissiper les illusions
de la fausse, et de contribuer ainsi au bonheur, ou, si
c'est trop que le bonheur, au soulagement de l'humanité. C'est pour montrer qu'elles tendent à ce but et
qu'elles sont dignes d'y atteindre , que nous avons
essayé de les indiquer toutes, et de raconter, sans
autre art que l'exactitude , comment elles ont occupé, embelli, honoré le cours entier de la vie de
M. Thurot.

FIN DE LA NOTICE.